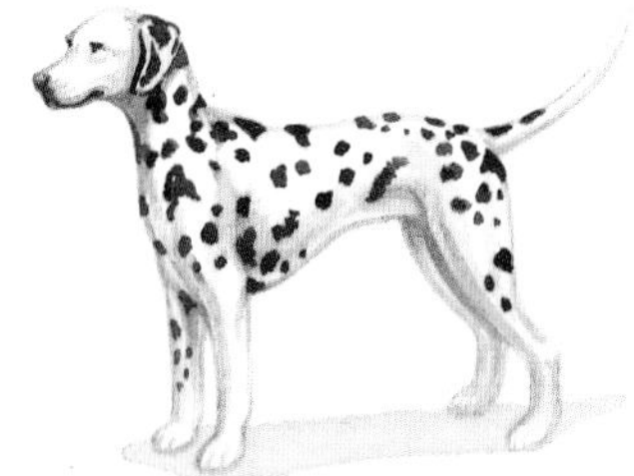

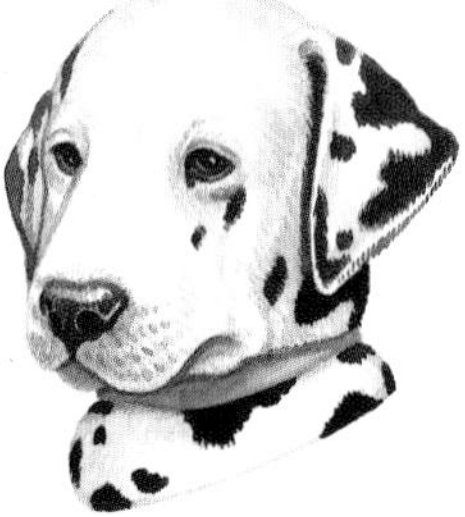

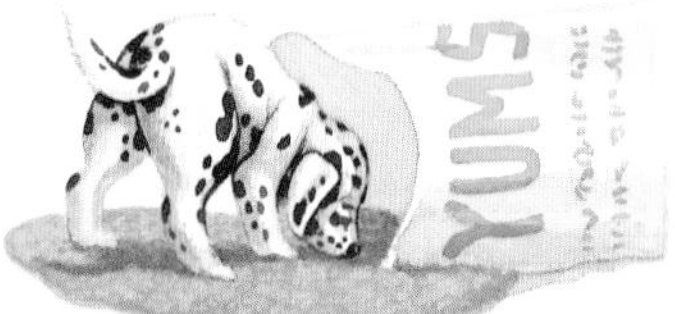
YUMS

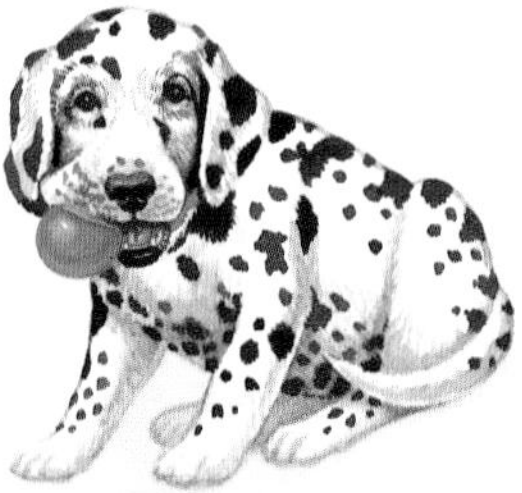

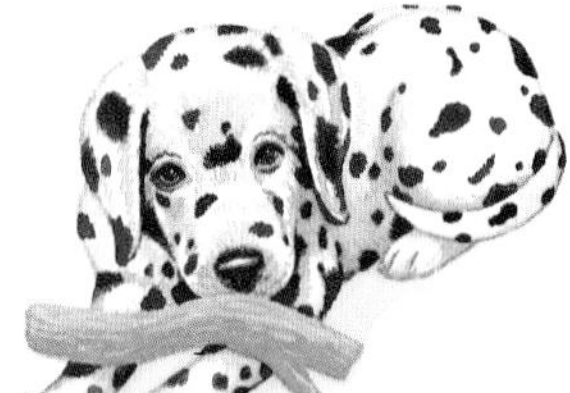

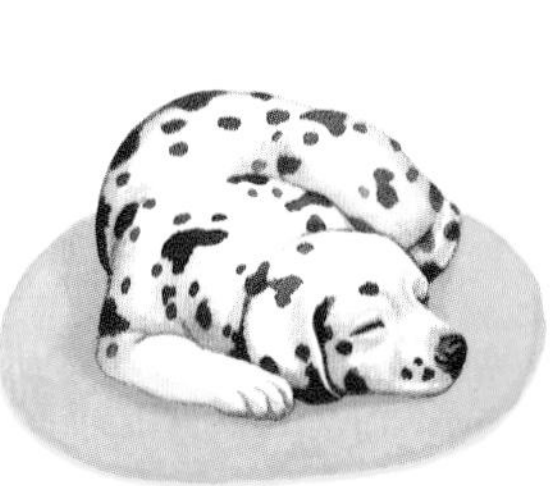

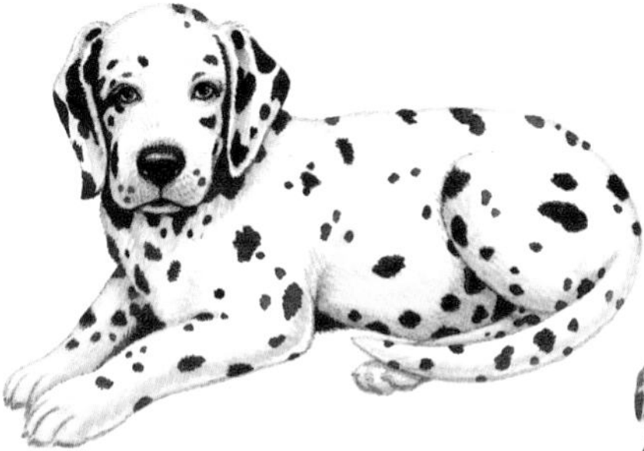

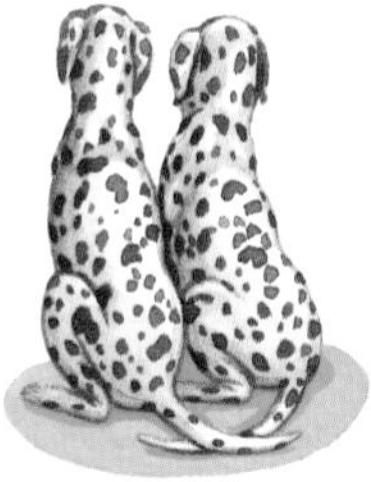

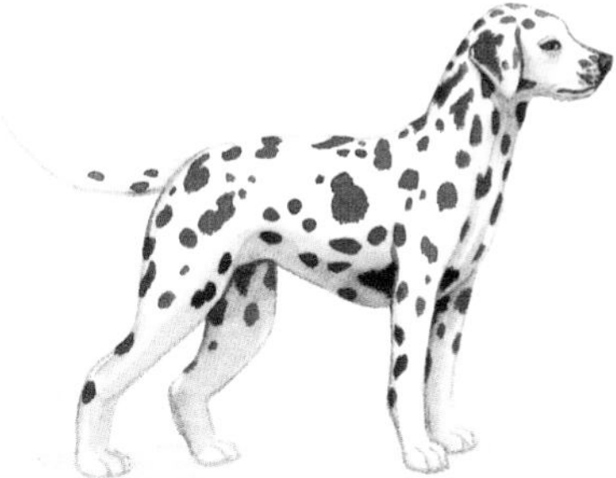

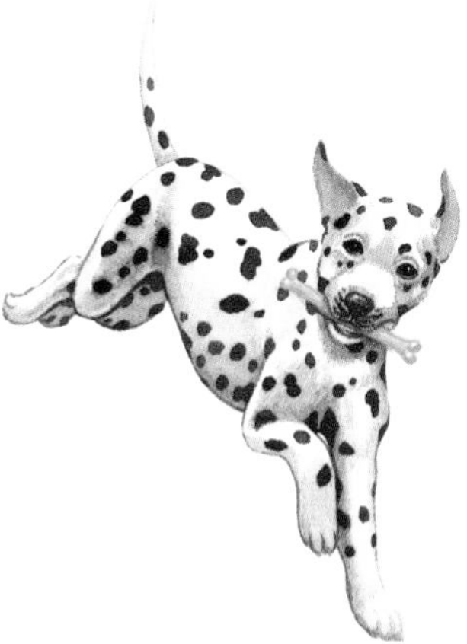

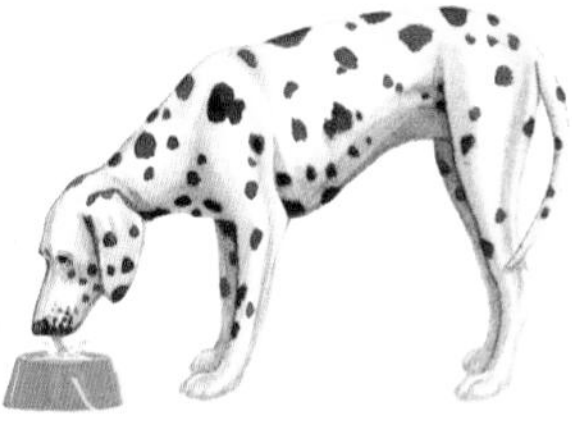

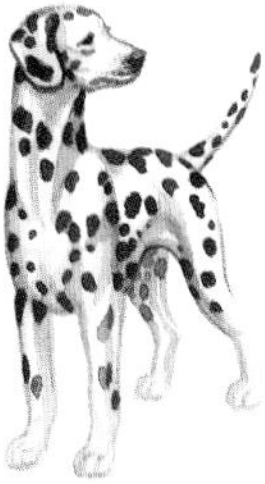

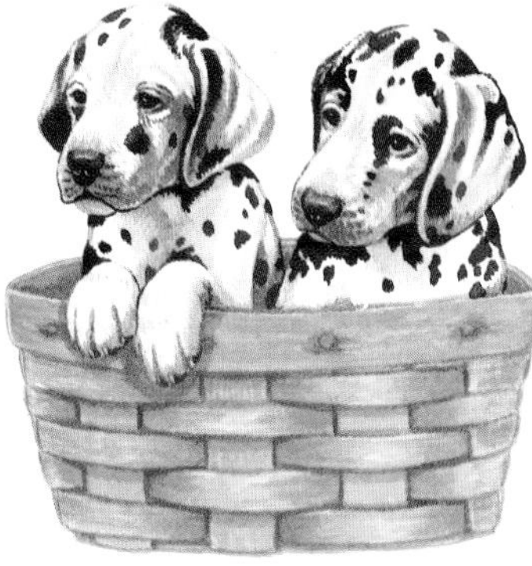

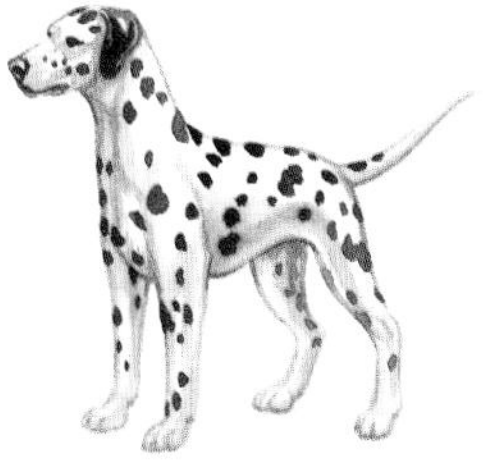

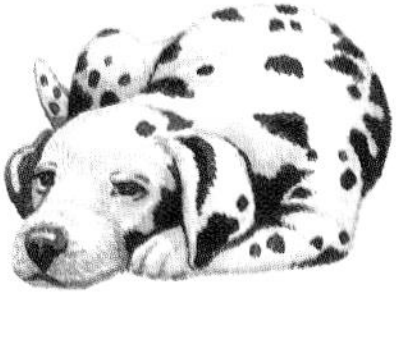

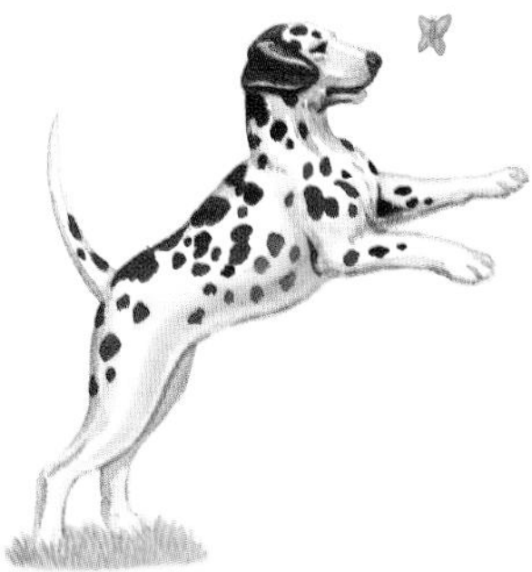

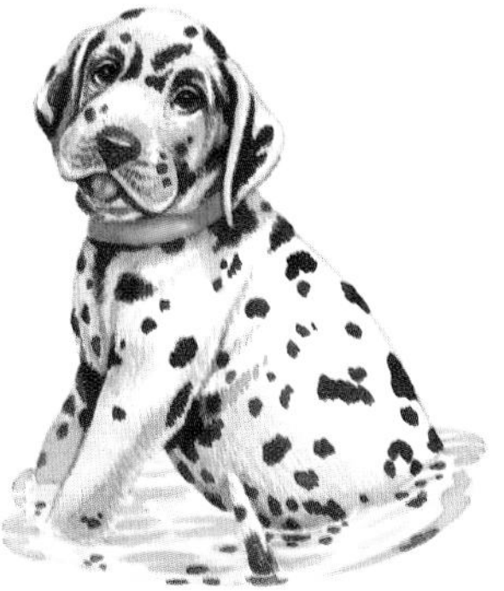

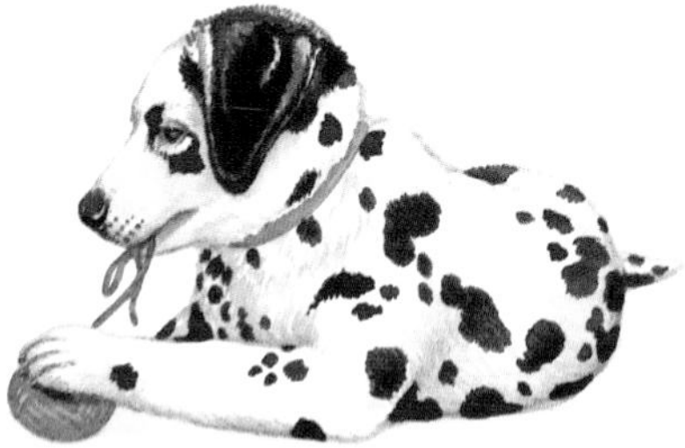

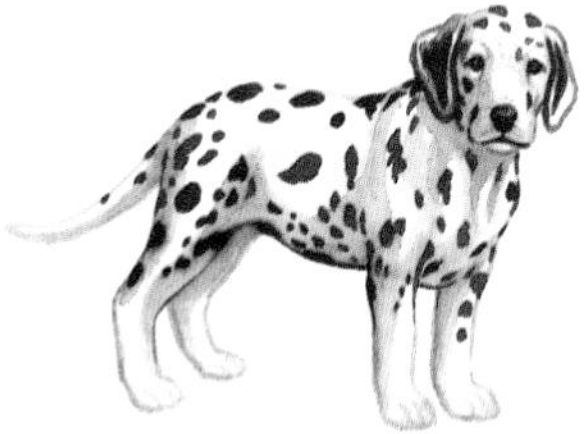

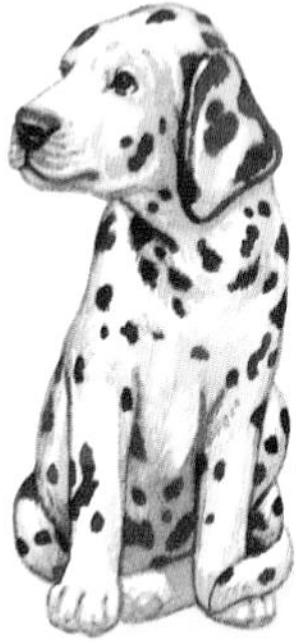

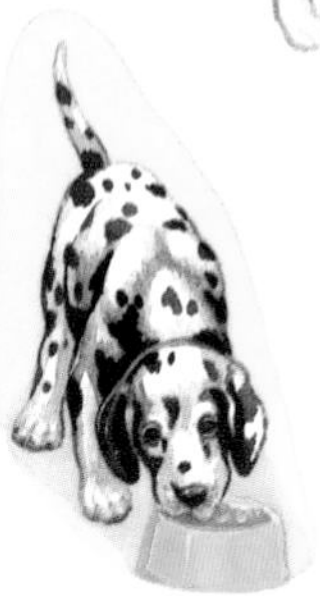

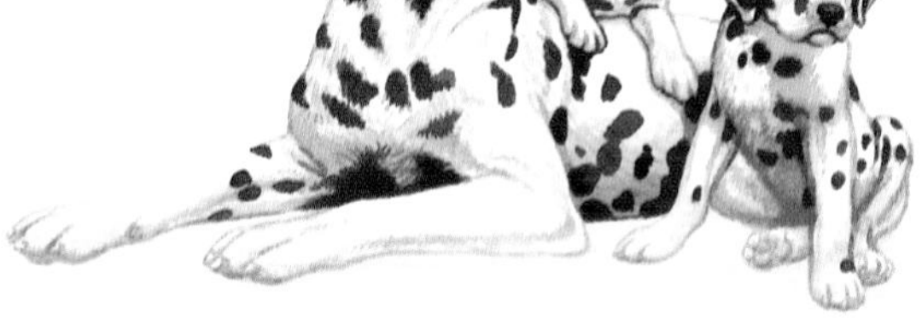